Freut euch, ihr Christen

P. Chrysostomus Ripplinger OSB

Freut euch, ihr Christen

Advents- & Weihnachtsandachten zum neuen **Gotteslob**

benno

Bibliografische Information der Deutschen Nationalbibliothek
Die Deutsche Nationalbibliothek verzeichnet diese Publikation in der Deutschen Nationalbibliografie; detaillierte bibliografische Informationen sind im Internet über http://dnb.d-nb.de abrufbar.

ISBN 978-3-7462-3813-5

Umschlaggestaltung: Ulrike Vetter, Leipzig
Umschlagmotiv: © graph/shutterstock.com
Gesamtherstellung: Kontext, Lemsel (A)

Inhalt

Abkürzungen und Zeichen

V Vorbeter/in

A Alle, Gemeinde

A+V Alle und Vorbeter gemeinsam

L Lektor/in

Geleitwort

Das Andachtsbüchlein „Freut euch, ihr Christen. Advents- und Weihnachtsandachten zum neuen Gotteslob“ bietet zehn Andachten an. Sie orientieren sich an den neuen Gesängen im neuen Gotteslob und sind als Hilfe für das persönliche und gemeinsame Gebet in der Familie und in Gruppen während der Advents- und Weihnachtszeit gedacht.

Jesus hat seine Jünger das Vaterunser gelehrt (vgl. Mt 6,9-13; Lk 11,2-4), er selbst betete zu seinem himmlischen Vater und hat uns geraten, allezeit zu beten und darin nicht nachzulassen. Das Gebet dieser Andachten stimmt in das Gebet Jesu ein und setzt es fort.

Gerade in dieser „seligen und gnadenbringenden Zeit“ wird uns durch das Gebet Freude und Segen geschenkt.

Chrysostomus Ripplinger OSB

Andachten im Advent

Mach dich auf und werde licht (GL 219)

Lied

O Heiland, reiß die Himmel auf (GL 231,1-3)

V Im Namen des Vaters und des Sohnes und des Heiligen Geistes.

A Amen.

Lobpreis

V/A Auf, werde licht, denn es kommt dein Licht, und die Herrlichkeit des Herrn geht leuchtend auf über dir. (Jes 60,1)

V Gott, du bist der allmächtige und gute Herr. Du hast Himmel und Erde geschaffen, damit sie dich lobpreisen. Du hast die Sonne geschaffen, sie bringt uns den Tag und das Licht, sie strahlt mit mächtigem Glanz. In der Schöpfung entdecken wir deine Herrlichkeit.

A Auf, werde licht ...

V Gott, du bist der allmächtige und gute Herr. Du hast den Mond und die Sterne gebildet, sie zeigen deine Allmacht und sind uns Orientierung.

In der Schöpfung entdecken wir deine Herrlichkeit.

A Auf werde licht ...

V Gott, du bist der allmächtige und gute Herr. Du hast das Feuer gemacht, das uns wärmt und die Nacht erleuchtet. Es ist gewaltig und stark. In der Schöpfung entdecken wir deine Herrlichkeit.

A Auf, werde licht ...

Lied

Kündet allen in der Not (GL 221,1.4-5)

Lesung

Jes 60,1-5a: Die Herrlichkeit des Herrn geht leuchtend auf über dir

L Lesung aus dem Buch Jesaja:
Auf, werde licht, denn es kommt dein Licht, und die Herrlichkeit des Herrn geht leuchtend auf über dir. Denn siehe, Finsternis bedeckt die Erde und Dunkel die Völker, doch über dir geht leuchtend der Herr auf, seine Herrlichkeit erscheint über dir. Völker wandern zu deinem Licht und Könige zu deinem strahlenden Glanz. Blick auf und schau umher: Sie alle versammeln

sich und kommen zu dir. Deine Söhne kommen von fern, deine Töchter trägt man auf den Armen herbei. Du wirst es sehen, und du wirst strahlen, dein Herz bebt vor Freude und öffnet sich weit.

Stille

Psalm

Psalm 27: Die Gemeinschaft mit Gott
(gesungen: GL 38,1-2)

V/A Kv Der Herr ist mein Licht und mein Heil.

V 1 Der Herr ist mein Licht und mein Heil:*
Vor wem sollte ich mich fürchten?

A 2 Der Herr ist die Kraft meines Lebens:*
Vor wem sollte mir bangen?

V 3 Dringen Frevler auf mich ein, *
um mich zu verschlingen,

A 4 meine Bedränger und Feinde, *
sie müssen straucheln und fallen.

V 5 Mag ein Heer mich belagern:*
Mein Herz wird nicht verzagen.

A 6 Mag Krieg gegen mich toben:*
Ich bleibe dennoch voll Zuversicht.

V 7 Nur eines erbitte ich vom Herrn,*
danach verlangt mich:

A 8 Im Haus des Herrn zu wohnen*
alle Tage meines Lebens,

V 9 die Freundlichkeit des Herrn zu schauen*
und nachzusinnen in seinem Tempel.

A 10 Denn er birgt mich in seinem Haus*
am Tag des Unheils;

V 11 er beschirmt mich im Schutz seines Zeltes,*
er hebt mich auf einen Felsen empor.

A 12 Nun kann ich mein Haupt erheben*
über die Feinde, die mich umringen.

V 13 Ich will Opfer darbringen in seinem Zelt,
Opfer mit Jubel;*
dem Herrn will ich singen und spielen.

A 14 Vernimm, o Herr, mein lautes Rufen;*
sei mir gnädig und erhöre mich!

V 15 Mein Herz denkt an dein Wort: „Sucht mein
Angesicht!“*
Dein Angesicht, Herr, will ich suchen.

A 16 Verbirg nicht dein Gesicht vor mir;/
weise deinen Knecht im Zorn nicht ab!*
Du wurdest meine Hilfe.

V 17 Verstoß mich nicht, verlass nicht micht,*
du Gott meines Heiles!

A 18 Wenn mich auch Vater und Mutter verlassen,*
der Herr nimmt mich auf.

V 19 Zeige mir, Herr, deinen Weg,*
leite mich auf ebener Bahn trotz meiner Feinde!

A 20 Gib mich nicht meinen gierigen Gegnern preis;*
denn falsche Zeugen stehen gegen mich auf und wüten.

V 21 Ich aber bin gewiss, zu schauen*
die Güte des Herrn im Land der Lebenden.

A 22 Hoffe auf den Herrn und sei stark!*
Hab festen Mut und hoffe auf den Herrn!

V/A 23 Ehre sei dem Vater und dem Sohne*
und dem Heiligen Geiste,

24 wie im Anfang, so auch jetzt und allezeit*
und in Ewigkeit. Amen.

A+V Kv Der Herr ist mein Licht und mein Heil.

Kanon

Mache dich auf und werde licht (GL 219)

Jesus-Litanei

V/A Herr, erbarme dich.

V/A Christus, erbarme dich.

V/A Herr, erbarme dich.

V Christus, höre uns.
A Christus, erhöre uns.

V Gott Vater im Himmel,

A erbarme dich unser.

V Gott Sohn, Erlöser der Welt **A** erbarme ...
Gott Heiliger Geist
Heiliger dreifaltiger Gott

Jesus, Sohn des lebendigen Gottes
Jesus, Bild des Vaters
Jesus, Sohn der Jungfrau Maria
Jesus, Strahl des ewigen Lichtes
Jesus, Gott und Mensch

Jesus, Verkünder des Reiches Gottes
Jesus, Fürst des Friedens
Jesus, ewige Weisheit
Jesus, lebendiges Wort
Jesus, Hoherpriester

Jesus, Menschensohn
Jesus, gerechter Richter

Jesus, Vater der Zukunft
Jesus, unser König

Du gehorsamer Jesus
Du geduldiger Jesus
Du eifernder Jesus
Du mutiger Jesus
Du liebender Jesus

Jesus, unser Herr
Unser Heiland
Unser Erlöser
Unser Freund
Unser Lehrer
Unser Vorbild

Jesus, Bruder der Armen
Jesus, Freund der Sünder
Jesus, Hilfe der Kranken
Jesus, guter Hirt

Jesus, du Grundstein
Jesus, du Weizenkorn
Jesus, du Weinstock
Jesus, Brot, von dem wir leben
Jesus, Licht, durch das wir sehen
Jesus, Weg, auf dem wir gehen
Jesus, Wahrheit, die wir glauben
Jesus, Tür, durch die wir gehen
Jesus, unser Leben

V Jesus, sei uns gnädig
A Herr, befreie uns
V Sei uns barmherzig **A** Herr, befreie ...
Von allem Bösen
Von Schuld und Sünde
Von den Angriffen des Teufels
Von der Versuchung, deinen Weg zu verlassen
Vom ewigen Tode

Durch deine Geburt und dein Leben
Durch deine Botschaft
Durch dein Gebot der Liebe
Durch deine Macht, zu vergeben
Durch deine Kraft, zu heilen

Durch dein Kreuz und Leiden
Durch deine Verlassenheit
Durch deinen Tod am Kreuze
Durch deinen Abstieg in das Reich des Todes
Durch deine Auferstehung und Himmelfahrt
Durch den Trost des Heiligen Geistes
Durch deine Gegenwart
Durch deine Wiederkunft

V Lamm Gottes, du nimmst hinweg die Sünde der Welt;

A Herr, verschone uns.

V Lamm Gottes, du nimmst hinweg die Sünde der Welt;

A Herr, erhöre uns.

V Lamm Gottes, du nimmst hinweg die Sünde der Welt;

A Herr, erbarme dich.

V So spricht Jesus: Ich bin das Brot des Lebens. Wer zu mir kommt, wird nicht hungern, und wer an mich glaubt, wird nicht mehr durstig sein.

A Ich bin das Licht der Welt. Wer mir nachfolgt, wird nicht im Finstern wandeln, sondern das Licht des Lebens haben.

V Ich bin die Tür. Wer durch mich eingeht, wird gerettet.

A Ich bin der gute Hirt. Ich kenne die Meinen, und die Meinen kennen mich.

V Ich bin die Auferstehung und das Leben. Wer an mich glaubt, wird leben, auch wenn er stirbt.

A Ich bin der Weg, die Wahrheit und das Leben. Niemand kommt zum Vater, außer durch mich.

V Ich bin der Weinstock, ihr seid die Rebzweige.

A Wer in mir bleibt und in wem ich bleibe, der bringt reiche Frucht.

V Lasset uns beten. – Herr Jesus Christus, wir bitten dich: Erhalte in uns den Glauben, dass deine Worte sich an uns erfüllen. Gib uns das Feuer deiner Liebe, so dass wir dich und unsere Mitmenschen aufrichtig lieben können, und lass uns nicht aufhören, deinen Namen anzurufen. Der du lebst und herrschst jetzt und in Ewigkeit.

A Amen.

Lied

O Heiland, reiß die Himmel auf (GL 231,4-6)

Vaterunser

V/A Vater unser im Himmel ...

Segensbitte

V Der barmherzige Gott hat uns den Glauben an das Kommen seines Sohnes geschenkt. Er mache uns stark im Glauben, fest in der Hoffnung und mutig in der Liebe, damit wir ihm freudig entgegengehen. So segne uns der barmherzige und gütige Gott, der Vater, der Sohn und der Heilige Geist.

A Amen.

Maria durch ein Dornwald ging (GL 224)

Lied

Maria durch ein Dornwald ging (GL 224,1)

V Im Namen des Vaters und des Sohnes und des Heiligen Geistes.

A Amen.

Lobpreis

V Gepriesen seist du, Herr, Vater im Himmel. In deiner unendlichen Barmherzigkeit hast du dich der Armseligkeit des Menschen angenommen. Du hast uns Jesus geschenkt, deinen Sohn, geboren aus einer Frau. Er ist unser Retter und Freund, unser Bruder und Erlöser. Dank sei dir, guter Vater.

A Dir, Vater, gebührt unser Lob immerdar!

V Gütiger Vater, stärke unsere Liebe zu dir und zu unseren Brüdern und Schwestern. Lass uns für Gerechtigkeit und Frieden eintreten. Gib uns Mut, den Armen die Frohe Botschaft in Wort und Tat zu verkünden.

A Dir, Vater, gebührt unser Lob immerdar!

V Gerechter Vater, lass uns entdecken, welche Freude es macht, neu auf dein Wort zu hören und es zu leben. Stärke uns in der Gemeinschaft der Brüder und Schwestern, wenn wir dich in Hymnen und geistlichen Liedern loben.

A Dir, Vater, gebührt unser Lob immerdar!

A Dir, dem Vater des Lebens, / dem Anfang ohne Beginn, / der höchsten Güte und dem ewigen Licht, / sei mit dem Sohn im Heiligen Geist / Ehre und Lobpreis in alle Ewigkeit. / Amen.

(Gebet nach Papst Johannes Paul II. zum dritten Jahr der Vorbereitung auf das Heilige Jahr 2000)

Lesung

Offb 11,19a; 12,1-6a.10ab: Ein großes Zeichen erschien am Himmel: eine Frau, mit der Sonne bekleidet, der Mond unter ihren Füßen.

L Lesung aus der Offenbarung des Johannes.
Der Tempel Gottes im Himmel wurde geöffnet, und in seinem Tempel wurde die Lade seines Bundes sichtbar. Dann erschien ein großes Zeichen am Himmel: eine Frau, mit der Sonne bekleidet; der Mond war unter ihren Füßen und ein Kranz von zwölf Sternen auf ihrem Haupt. Sie

war schwanger und schrie vor Schmerz in ihren Geburtswehen.
Ein anderes Zeichen erschien am Himmel: ein Drache, groß und feuerrot, mit sieben Köpfen und zehn Hörnern und mit sieben Diademen auf seinen Köpfen. Sein Schwanz fegte ein Drittel der Sterne vom Himmel und warf sie auf die Erde herab. Der Drache stand vor der Frau, die gebären sollte; er wollte ihr Kind verschlingen, sobald es geboren war.
Und sie gebar ein Kind, einen Sohn, der über alle Völker mit eisernem Zepter herrschen wird. Und ihr Kind wurde zu Gott und zu seinem Thron entrückt. Die Frau aber floh in die Wüste, wo Gott ihr einen Zufluchtsort geschaffen hatte.
Da hörte ich eine laute Stimme im Himmel rufen: Jetzt ist er da, der rettende Sieg, die Macht und die Herrschaft unseres Gottes und die Vollmacht seines Gesalbten.

Stille

Antwortpsalm

Psalm 45 (44),11-12.16.18

V/A Kv Selig bist du, Jungfrau Maria, du thronst zur Rechten des Herrn.

V 1 Höre, Tochter, sieh her und neige dein Ohr,*
vergiss dein Volk und dein Vaterhaus!

A 2 Der König verlangt nach deiner Schönheit;*
er ist ja dein Herr, verneig dich vor ihm! –

V 3 Man geleitet sie mit Freude und Jubel,*
sie ziehen ein in den Palast des Königs.

A 4 Ich will deinen Namen rühmen von Geschlecht zu Geschlecht;*
darum werden die Völker dich preisen immer und ewig.

A+V Kv Selig bist du, Jungfrau Maria, du thronst zur Rechten des Herrn.

Lied

Maria durch ein Dornwald ging (GL 224,2)

Fürbitten

V Zu Jesus Christus, der als Retter und Heiland in diese Welt gekommen ist, rufen wir:

Du hast unsere Schwachheit auf dich genommen; erbarme dich aller Hilflosen und Armen.

A Komm, Herr Jesus.

V Du hast durch deine Botschaft Licht in diese

Welt gebracht; führe uns durch dein Wort zum Vater.

A Komm, Herr Jesus.

V Du bist Mensch geworden aus Maria, der Jungfrau, die dich in ihrem Schoß getragen hat.

A Komm, Herr Jesus.

V Du hast dich der Sünder und Randexistenzen angenommen und Schuld vergeben; nimm hinweg alle Sünden der Welt.

A Komm, Herr Jesus.

V Du hast unseren Tod erlitten; sei allen Sterbenden nahe und nimm die Verstorbenen auf in dein Reich.

A Komm, Herr Jesus.

V Mit dir wollen wir zu deinem und unserem Vater beten, wie du deine Jünger zu beten gelehrt hast:

A Vater unser im Himmel ...

Gebet

V Lasset uns beten. – Barmherziger Gott, du blickst auf die Not der Menschen und kennst unsere Leiden und Ängste. Darum hast du dei-

nen Sohn gesandt. Er ist Mensch geworden aus Maria und ist unser Bruder.
Gib uns die Gnade, dass wir aus diesem Geheimnis Mut für unser Leben schöpfen und in der Gemeinschaft mit Jesus Christus das Heil erlangen.

A Amen.

V Der barmherzige Gott hat uns den Glauben an das Kommen seines Sohnes geschenkt. Er mache uns standhaft im Glauben, froh in der Hoffnung und fest in der Liebe.

A Amen.

Alle bekreuzigen sich und sprechen:

A Im Namen des Vaters und des Sohnes und des Heiligen Geistes. Amen.

Lied

Komm, du Heiland aller Welt (GL 227,1-3)

Tochter Zion, freue dich (GL 228)

Lied

Tochter Zion, freue dich (GL 228,1-3)

V Im Namen des Vaters und des Sohnes und des Heiligen Geistes.

A Amen.

Psalm

Psalm 24: Der Einzug des Herrn in sein Heiligtum (gesungen: GL 633,3-4)

V/A Kv Hebt euch, ihr Tore, hebt euch, ihr Tore!
Unser König kommt. (gesungen: GL 633,3)

V 1 Dem Herrn gehört die Erde und was sie erfüllt,*
der Erdkreis und seine Bewohner.

A 2 Denn er hat ihn auf Meere gegründet,*
ihn über Strömen befestigt.

V 3 Wer darf hinaufziehn zum Berg des Herrn,*
wer darf stehn an seiner heiligen Stätte?

A 4 Der reine Hände hat und ein lauteres Herz,*
der nicht betrügt und keinen Meineid schwört.

V 5 Er wird Segen empfangen vom Herrn*
und Heil von Gott, seinem Helfer.

A 6 Das sind die Menschen, die nach ihm fragen,*
die dein Antlitz suchen, Gott Jakobs.

V 7 Ihr Tore, hebt euch nach oben, /
hebt euch, ihr uralten Pforten;*
denn es kommt der König der Herrlichkeit.

A 8 Wer ist der König der Herrlichkeit? /
Der Herr, stark und gewaltig,*
der Herr, mächtig im Kampf.

V 9 Ihr Tore, hebt euch nach oben, /
hebt euch, ihr uralten Pforten;*
denn es kommt der König der Herrlichkeit.

A 10 Wer ist der König der Herrlichkeit? /
Der Herr der Heerscharen,*
er ist der König der Herrlichkeit.

V 11 Ehre sei dem Vater und dem Sohn*
und dem Heiligen Geist.

A 12 Wie im Anfang, so auch jetzt und allezeit*
und in Ewigkeit. Amen.

A+V Kv Hebt euch, ihr Tore, hebt euch, ihr Tore! Unser König kommt.

Impuls

Tochter Zion, du darfst voller Hoffnung sein. Zu Ende ist deine Schuld. Du brauchst dich nicht mehr zu fürchten, Tochter Zion, denn dein König kommt. Ja, du darfst jubeln, Tochter Zion. Du darfst jauchzen und frohlocken von ganzem Herzen, Tochter Jerusalem, denn dein König kommt zu dir. Dein Herr und Gott bringt dir Rettung.

Lesung

Zef 3,14-17: Dein Gott jubelt über dich und frohlockt

L Lesung aus dem Buch Zefanja.
Juble, Tochter Zion! Jauchze, Israel! Freu dich und frohlocke von ganzem Herzen, Tochter Jerusalem! Der Herr hat das Urteil gegen dich aufgehoben und deine Feinde zur Umkehr gezwungen. Der König Israels, der Herr, ist in deiner Mitte; du hast kein Unheil mehr zu fürchten.
An jenem Tag wird man zu Jerusalem sagen: Fürchte dich nicht, Zion! Lass die Hände nicht sinken! Der Herr, dein Gott, ist in deiner Mitte,

ein Held, der Rettung bringt. Er freut sich und jubelt über dich, er erneuert seine Liebe zu dir, er jubelt über dich und frohlockt, wie man frohlockt an einem Festtag.

Antwortgesang

Ostende nobis Domine (GL 634,2)
oder
Tochter Zion, freue dich (GL 228,1)

Rorate caeli

V/A Ihr Himmel, tauet den Gerechten, ihr Wolken, regnet ihn herab. (gesungen: GL 234)

V Herr, zürne nicht länger und gedenke nicht mehr unserer Missetaten. Siehe, die heilige Stadt ist zur Wüste geworden, Sion ist verlassen, Jerusalem verödet, unsere heilige Stätte, wo du verherrlicht wirst, wo dich gepriesen haben unsere Väter.

A Ihr Himmel, tauet den Gerechten, ihr Wolken, regnet ihn herab.

V Wir haben gesündigt und sind unrein geworden. Wir sind abgefallen wie dürres Laub, und unsere Missetaten haben wie ein Sturmwind uns hinweggefegt. Du hast dein Angesicht von uns abgewendet und uns zerschmettert durch die Wucht unserer Schuld.

A Ihr Himmel, tauet den Gerechten, ihr Wolken, regnet ihn herab.

V Sieh an, Herr, den Jammer deines Volkes und sende, den du senden willst. Entsende das Lamm, den Beherrscher der Erde, vom Felsen der Wüste zum Berge der Tochter Sion, dass es von uns nehme das Joch unserer Knechtschaft.

A Ihr Himmel, tauet den Gerechten, ihr Wolken, regnet ihn herab.

V Tröste dich, tröste dich, mein Volk. Bald wird kommen dein Heil. Warum verzehrst du dich in Trauer? Weil dich der Reueschmerz erneuert hat, will ich dein Retter sein. Fürchte dich nicht; denn ich bin der Herr, dein Gott, der Heilige Israels, dein Erlöser.

A Ihr Himmel, tauet den Gerechten, ihr Wolken, regnet ihn herab.

Fürbitten

V Herr unser Gott, du hast deinen Sohn zu uns gesandt. Er kommt als unser König und bringt uns deinen Frieden.

A Herr, erhebe dich, hilf uns und mach uns frei. (gesungen: GL 229)

V Gib, dass die Kriege beendet werden und Konflikte einer gerechten Lösung zugeführt werden können.

A Herr, erhebe dich, hilf uns und mach uns frei.

V Es gibt so viel Frust und Zwietracht in den Familien und menschlichen Beziehungen.

A Herr, erhebe dich, hilf uns und mach uns frei.

V Auch in unseren eigenen Herzen spüren wir Zerrissenheit und Hilflosigkeit.

A Herr, erhebe dich, hilf uns und mach uns frei.

V Allmächtiger und gütiger Gott, durch das Kommen deines Sohnes in unsere heillose Welt hast du uns Licht und Rettung gebracht. Lass uns das Geschenk deiner Güte erkennen und annehmen.

Segensbitte

Alle bekreuzigen sich.

V Der Segen des Vates, die Liebe des Sohnes und die Kraft des Heiligen Geistes, der Schutz der Gottesmutter Maria, der Beistand der hl. Engel und Heiligen sei mit uns. So segne und behüte uns der Vater und der Sohn und der Hl. Geist.

A Amen.

Lied

Kündet allen in der Not (GL 221,1-2.5)

O Herr, wenn du kommst, wird die Welt wieder neu (GL 233)

Lied

O Herr, wenn du kommst (GL 233,1-2)

V Im Namen des Vaters und des Sohnes und des Heiligen Geistes.

A Amen.

Lobpreis

V/A Er, der auf dem Thron saß, sprach: Seht, ich mache alles neu (Offb 21,5).

V So spricht der Herr: Ich werde dir einen weißen Stein geben, und auf dem Stein steht ein neuer Name, den nur der kennt, der ihn empfängt.

A Er, der auf dem Thron saß, sprach: Seht, ich mache alles neu.

V Sp spricht der Herr: Ich habe dich beim Namen gerufen, du bist unverwechselbar und keine Nummer. Darum singe das neue Lied, denn mein bist du.

A Er, der auf dem Thron saß, sprach: Seht, ich mache alles neu.

V So spricht der Herr: Vertraue auf deinen Gott und schöpfe neue Kraft, dann lässt er dich Neues hören, etwas Verborgenes, von dem du nichts weißt.

A Er, der auf dem Thron saß, sprach: Seht, ich mache alles neu.

V So spricht der Herr: Ich schenke euch ein neues Herz, denn ich lege mein Gesetz in euch hinein und schreibe es auf euer Herz.

A Er, der auf dem Thron saß, sprach: Seht, ich mache alles neu.

V So spricht der Herr: Wie der neue Himmel und die neue Erde, die ich erschaffe, so schließe ich mit dir einen neuen Bund, denn ich schenke dir ein anderes Herz und einen neuen Geist.

A Er, der auf dem Thron saß, sprach: Seht, ich mache alles neu.

Ruf vor der Lesung

V/A Halleluja. Halleluja.

V (So spricht der Herr): Ein neues Gebot gebe ich euch: Wie ich euch geliebt habe, so sollt auch ihr einander lieben. (Joh 13,34)

A Halleluja.

Lesung

Offb 21,1-5a: Gott wird alle Tränen von ihren Augen abwischen

L Lesung aus der Offenbarung des Johannes.
Ich, Johannes, sah einen neuen Himmel und eine neue Erde; denn der erste Himmel und die erste Erde sind vergangen, auch das Meer ist nicht mehr. Ich sah die heilige Stadt, das neue Jerusalem, von Gott her aus dem Himmel herabkommen; sie war bereit wie eine Braut, die sich für ihren Mann geschmückt hat.
Da hörte ich eine laute Stimme vom Thron her rufen: Seht, die Wohnung Gottes unter den Menschen! Er wird in ihrer Mitte wohnen, und sie werden sein Volk sein; und er, Gott, wird bei ihnen sein. Er wird alle Tränen von ihren Augen abwischen: Der Tod wird nicht mehr sein, keine Trauer, keine Klage, keine Mühsal. Denn was früher war, ist vergangen. Er, der auf dem Thron saß, sprach: Seht, ich mache alles neu.

Lied

O Herr, wenn du kommst (GL 233,3-4)

Impuls

Es wird hell, wenn du kommst!

L Eine afrikanische Ordensschwester aus Tansania berichtete von der Gastfreundschaft in ihrer Heimat. Wenn jemand zu Besuch kommt, dann wird er herzlich begrüßt. Zum Empfangszeremoniell gehört dann jedes Mal das Grußwort: „Es wird hell, wenn du kommst!" Ist das nur eine Floskel? Eigentlich kann man das Willkommen nicht schöner umschreiben. Der Besucher spürt, wie wichtig sein Kommen ist. Er wird geschätzt als jemand, der in den grauen Alltag hinein Glanz und menschliche Wärme ausstrahlt.
Es wird hell, wenn du kommst!
Wenn wir singen: „O Herr, wenn du kommst, wird die Welt wieder neu", dann verbinden wir mit dem Kommen des Herrn Freude. Wir singen ja auch am Ende jeder Strophe: „O Herr, wir warten auf dich." Dieses Warten ist ein freudiges Erwarten, das sich nicht bremsen lässt, wenn der Herr kommt. Wir singen in der vierten Strophe: „O Herr, wenn du kommst, hält uns nichts mehr zurück, wir laufen voll Freude den Weg auf dich zu." Es wird hell, wenn der Herr kommt, denn er ist das Licht der Welt, das in unsere Finsternis hinein leuchtet und uns hell macht, damit wir uns auf den Weg begeben.

Stille

Gebet

Jemand muss zu Hause sein, Herr, wenn du kommst.

V Jemand muss zu Hause sein, Herr, / wenn du kommst. / Jemand muss nach dir Ausschau halten, / Tag und Nacht.

A Wir sind immer nicht zu Hause, Herr, / uns selbst fremd, / einander fremd, irren wir in der Fremde umher.

V Jemand muss wachen, / unten an der Brücke, / um deine Ankunft zu melden, Herr. / Du kommst ja doch in der Nacht wie ein Dieb.

A In der Nacht kommst du, / in der Dunkelheit; / wo man nichts sieht, sagst du, / im Dunkel des Glaubens also, / wo die Hoffnung, / wo die Liebe zum Leuchten kommen. / Über die Brücke der Sehnsucht kommst du zu uns. Das steht fest.

V Wachen ist unser Dienst, / wachen. Auch für die Welt. Sie ist so leichtsinnig, / läuft draußen herum / und nachts ist sie auch nicht zu Hause. / Denkt sie daran, dass du kommst? / Dass du ihr Herr bist und dass du sicher kommst?

A Jemand muss ihr melden, dass du kommst. / Wenn wir ihr aber selber verfallen, der Welt, / Herr, / und dein Kommen vergessen? Was dann?

V Jemand muss auf dich warten, / zu Hause sein um Mitternacht, / um dir das Tor zu öffnen und dich einzulassen, / wo du ja kommst, / immer heimlich kommst.

A Lass uns bei dir zu Hause sein, / Herr. Und bist du nicht selber das Tor, / du, unser Gott? Dein Kommen hole uns heim, / hole die ganze Schöpfung heim an dein Herz.
Komm, Herr Jesus, komm.

(Silja Walter)

Lied

Macht hoch die Tür (GL 218,1-2)

Psalm

Psalm 23: Der gute Hirt (gesungen: GL 37)

V/A Kv Der Herr ist mein Hirt, er führt mich an Wasser des Lebens.

V 1 Der Herr ist mein Hirte,*
nichts wird mir fehlen.

A 2 Er lässt mich lagern auf grünen Augen*
und führt mich zum Ruheplatz am Wasser.

V 3 Er stillt mein Verlangen;*
er leitet mich auf rechten Pfaden, treu seinem Namen.

A 4 Muss ich auch wandern in finsterer Schlucht,*
ich fürchte kein Unheil;

V 5 denn du bist bei mir,*
dein Stock und dein Stab geben mir Zuversicht.

A 6 Du deckst mir den Tisch*
vor den Augen meiner Feinde.

V 7 Du salbst mein Haupt mit Öl,*
du füllst mir reichlich den Becher.

A 8 Lauter Güte und Huld werden mir folgen mein Leben lang,*
und im Haus des Herrn darf ich wohnen für lange Zeit.

V 9 Ehre sei dem Vater und dem Sohne*
und dem Heiligen Geiste,

A 10 wie im Anfang, so auch jetzt und allezeit*
und in Ewigkeit. Amen.

A+V Kv Der Herr ist mein Hirt, er führt mich an Wasser des Lebens.

Fürbitten

V Wir beten zu Gott, der sich durch die Menschwerdung seines Sohnes für immer auf die Seite des Menschen gestellt hat.

A Erneure uns durch deinen Geist.

V Für alle Menschen, mit denen wir verbunden sind und an die wir heute besonders denken. Schenke ihnen deinen Frieden und deine Freude.

A Erneure uns durch deinen Geist.

V Für alle Einsamen und Verlassenen. Schenke ihnen die Begegnung mit Menschen, die deine Liebe sichtbar machen.

A Erneure uns durch deinen Geist.

V Für alle von Krieg, Katastrophen und Krankheiten Heimgesuchten. Schenke ihnen Frieden und Linderung ihrer Not.

A Erneure uns durch deinen Geist.

V Für unsere Jugendlichen, damit sie den Sinn ihres Lebens begreifen. Schenke ihnen Vorbilder und fürsorgende Helfer.

A Erneure uns durch deinen Geist.

V Herr unser Gott, schenke uns deine Nähe und deinen Heiligen Geist, damit wir dich und die Menschen immer mehr lieben und so unsere Welt wieder neu wird.

A Amen.

Segensbitte

V Der Herr segne und behüte uns. Er lasse sein Antlitz über uns leuchten und sei uns gnädig. Es segne uns der allmächtige und barmherzige Gott, der Vater und der Sohn und der Heilige Geist.

A Amen.

Lied

Macht hoch die Tür (GL 218,4-5)

Andachten in der Weihnachtszeit

Vom Himmel hoch, da komm ich her (GL 237)

Lied

Vom Himmel hoch (GL 237,1-3)

V Im Namen des Vaters und des Sohnes und des Heiligen Geistes.

A Amen.

Lobpreis

V Dich, Gott, loben wir,
dich rühmen die Scharen der Engel,
dich ehren Kerubim und Seraphim,
dir huldigt die ganze Erde.

A Dich preisen deine Heiligen,
dir singt auf dem ganzen Erdkreis deine heilige Kirche,
dir jubeln zu die Werke deiner Hände,
deine Größe verkündet die Schöpfung.

V Denn du schenkst uns deinen Sohn,
die Engel bringen diese frohe Kunde vom Himmel her,
sie verkünden den Hirten, dass in der Stadt
Davids der Retter geboren worden ist.

V/A Mit den himmlischen Heerscharen loben und preisen wir dich: Verherrlicht bist du Gott in der Höhe, und auf Erden sei Friede den Menschen guten Willens.

Lied

Hört, es singt und klingt mit Schalle
(GL 240,1-2)

Psalm

Psalm 96: Der Herr, König und Richter aller Welt (gesungen: GL 635,6.8)

V/A Kv Der Himmel freue sich, die Erde frohlocke, denn der Herr ist uns geboren. Halleluja. (gesungen: GL 635,6).

V 1 Singt dem Herrn ein neues Lied,*
singt dem Herrn, alle Länder der Erde!

A 2 Singt dem Herrn und preist seinen Namen,*
verkündet sein Heil von Tag zu Tag!

V 3 Erzählt bei den Völkern von seiner Herrlichkeit,*
bei allen Nationen von seinen Wundern!

A 4 Denn groß ist der Herr und hoch zu preisen,*
mehr zu fürchten als alle Götter.

V 5 Alle Götter der Heiden sind nichtig,*
der Herr aber hat den Himmel geschaffen.

A 6 Hoheit und Pracht sind vor seinem Angesicht,*
Macht und Glanz in seinem Heiligtum.

V 7 Bringt dar dem Herrn, ihr Stämme der Völker,*
bringt dar dem Herrn Lob und Ehre!

A 8 Bringt dar dem Herrn die Ehre seines Namens,*
spendet Opfergaben und tretet ein in sein Heiligtum!

V 9 In heiligem Schmuck werft euch nieder vor dem Herrn,*
erbebt vor ihm, alle Länder der Erde!

A 10 Verkündet bei den Völkern:*
Der Herr ist König.

V 11 Den Erdkreis hat er gegründet, so dass er nicht wankt.*
Er richtet die Nationen so, wie es recht ist.

A 12 Der Himmel freue sich, die Erde frohlocke,*
es brause das Meer und alles, was es erfüllt.

V 13 Es jauchze die Flur und was auf ihr wächst.*
Jubeln sollen alle Bäume des Waldes

A 14 vor dem Herrn, wenn er kommt,*
wenn er kommt, um die Erde zu richten.

V 15 Er richtet den Erdkreis gerecht*
und die Nationen nach seiner Treue.

A 16 Ehre sei dem Vater und dem Sohne*
und dem Heiligen Geiste.

V 17 Wie im Anfang, so auch jetzt und allezeit*
und in Ewigkeit. Amen.

A+V Kv Der Himmel freue sich, die Erde frohlocke,
denn der Herr ist uns geboren. Halleluja.

Evangelium

Lk 2,15-20: Die Hirten fanden Maria und Josef und das Kind

L Aus dem heiligen Evangelium nach Lukas.
Als die Engel die Hirten verlassen hatten und in den Himmel zurückgekehrt waren, sagten die Hirten zueinander: Kommt, wir gehen nach Betlehem, um das Ereignis zu sehen, das uns der Herr verkünden ließ.
So eilten sie hin und fanden Maria und Josef und das Kind, das in der Krippe lag. Als sie es sahen, erzählten sie, was ihnen über dieses Kind gesagt worden war. Und alle, die es hörten, staunten über die Worte der Hirten. Maria aber

bewahrte alles, was geschehen war, in ihrem Herzen und dachte darüber nach.
Die Hirten kehrten zurück, rühmten Gott und priesen ihn für das, was sie gehört und gesehen hatten; denn alles war so gewesen, wie es ihnen gesagt worden war.

Stille

Antwortgesang

V Christus ist geboren, Halleluja, Halleluja. In ihm ist Gott erschienen. (gesungen: GL 636,4)

A Halleluja, Halleluja.

V Ehre sei dem Vater und dem Sohne und dem Heiligen Geiste.

A Christus ist geboren, Halleluja, Halleluja

Impuls

Der einstige Prior von Taizé, Roger Schutz, hielt sich öfter mit Gefährten in Rom auf. Als er sich einmal auf einer Piazza an einem Brunnen ausruhen wollte, kam eine schwarz gekleidete italienische Frau mit faltigem dunklem Gesicht vorbei. Sie trug ein kleines Kind auf den Armen. Es war nicht schön, hatte überlange Beine, keine Haare, der Kopf war zu dick. Frère Roger ging spontan auf die beiden zu, schloss das Kind in seine Arme und küsste es. Jemand von den Umstehenden fragte ihn nicht wenig erstaunt, warum er so herzlich mit einem solch hässlichen Kind umgehe. Nach einer kurzen Stille antwortete der Prior: „Weil es dieses Kind ist.“ Als er danach der Mutter ihr Kind zurückgeben wollte, war diese in der Menschenmenge verschwunden. Frère Roger Schutz stand da und schloss dieses unschöne und nun auch verlassene Kind noch fester in seine Arme.

Kinder sind viel geliebte, aber zugleich auch viel geschundene Wesen in unserer Welt. Es ist immer wieder beeindruckend, in Familien zu erleben, welche Freude und Faszination ein neugeborenes Menschenkind auslösen kann. Ein Kind lockt bei uns Erwachsenen verborgene und mitunter verschüttete Liebeskräfte hervor. Kinder sind wie eine heilende und segnende Kraft in einer verzweckten Welt. Kinder sind aber auch besonders gefährdet. Sie sind von anderen abhängig und oftmals von ihrer Umgebung bedroht. Kinder sind sogar der Willkür ausgesetzt. Es gehört zum Alptraum der Eltern, dass sie ein behindertes Kind bekommen könnten. Sie haben Angst, einer solchen Herausforderung nicht gewachsen zu sein. Im Introitus von Weihnachten heißt es: „Puer natus est nobis, et filius datus est nobis." – „Ein Kind ist uns geboren, ein Sohn ist uns geschenkt." Wir werden an die Geburt Jesu in Betlehem erinnert; den Hirten wird durch die Engel verkündet: „Ihr werdet ein Kind finden, das in Windeln gewickelt, in einer Krippe liegt." (Lk 2,13)

Es gehört zu den großen Zumutungen der christlichen Botschaft, dass Gott in einem schwachen und hilfsbedürftigen Kind seinen Weg in dieser Welt sucht. In unserer gebrochenen Welt beginnt damit ein entscheidendes Kapitel des rettenden Zusammenwirkens Gottes mit uns Menschen.

Stille

Lied

Zu Betlehem geboren (GL 239,1-3)

Fürbitten

V Gott, unser treuer Vater, beim Gedenken an die Heilige Familie von Nazaret rufen wir in den Anliegen unserer Familien zu dir:

V Wir bitten dich für die Mütter und Väter, die

darunter leiden, weil ihre Kinder eigene Wege gehen.
Gott, unser Vater!

A Wir bitten dich, erhöre uns.

V Wir bitten dich für die Familien, in denen einer dem anderen nichts mehr zu sagen hat.
Gott, unser Vater!

A Wir bitten dich, erhöre uns.

V Wir bitten dich für die Kinder, die in Armut und Hunger aufwachsen müssen.
Gott, unser Vater!

A Wir bitten dich, erhöre uns.

V Wir bitten dich für die Jugendlichen, die im Elternhaus keine Liebe erfahren und keine Zukunftsperspektiven haben.
Gott, unser Vater!

A Wir bitten dich, erhöre uns.

V Wir bitten dich für alle Jugendlichen, die keine Arbeit finden und in schlechte Gesellschaft geraten sind.
Gott, unser Vater!

A Wir bitten dich, erhöre uns.

V Wir bitten dich für alle Familien, die ein harmonisches Leben führen, dass sie das gemeinsame Wohl weiterhin fördern.
Gott, unser Vater!

A Wir bitten dich, erhöre uns.

V Wir bitten dich für die alten Eltern, um die sich ihre Kinder nicht kümmern, dass sie fürsorgende Helfer finden.
Gott, unser Vater!

A Wir bitten dich, erhöre uns.

V Wir beten für alle verstorbenen Angehörigen der Familien, damit du ihnen das ewige Leben schenkst.
Gott, unser Vater!

A Wir bitten dich, erhöre uns.

V Gott, unser Vater, in der Heiligen Familie hast du uns ein leuchtendes Vorbild geschenkt. Stehe unseren Familien bei, dass sie in Eintracht leben und in der Liebe verbunden bleiben. Darum bitten wir durch Christus, unseren Herrn.

A Amen.

Segensbitte

V Das gewähre uns der allmächtige Gott,
der Vater, der Sohn und der Heilige Geist.

A Amen.

Lied

Lobt Gott, ihr Christen alle gleich (GL 247,1-4)

O du fröhliche, o du selige, gnadenbringende Weihnachtszeit (GL 238)

Andacht mit Lichtfeier

Lied

O du fröhliche (GL 238,1-3)

Der Leiter / die Leiterin der Andacht zieht mit einer brennenden Kerze ein, macht eine Verneigung vor dem Altar, stellt die Kerze auf einen Leuchter bei der Krippe und begrüßt von dort die Mitfeiernden. Hier liegt auch ein Docht zum Entzünden der Kerzen der Gläubigen bereit.

Begrüßung

V Christus das wahre Licht, das jeden Menschen erleuchtet, kam in die Welt. Darum dürfen wir uns freuen, denn Weihnachten ist eine gnadenbringende Zeit. Christus wollen wir mit brennenden Kerzen huldigen.

Die für die Mitfeiernden vorbereiteten Kerzen werden entzündet und bleiben die ganze Feier brennen.

Kyrierufe

V Herr Jesus Christus, du bist in einem Stall geboren.

A Kyrie eleison

V Durch deine Geburt wurde die Nacht hell.

A Kyrie eleison

V Du wurdest Mensch und teilst unser Schicksal.

A Christe eleison

V Du bist das Licht, das jeden Menschen erleuchtet.

A Christe eleison

V Du bist das Wort, das Fleisch geworden ist.

A Kyrie eleison

V Du zeigst uns den Weg zum Vater.

A Kyrie eleison.

Lied

Nun freut euch, ihr Christen (GL 241,3-4)

Evangelium

Joh 1,1-5.9-14 Das Wort ist Fleisch geworden und hat unter uns gewohnt

L Aus dem heiligen Evangelium nach Johannes.
Im Anfang war das Wort, und das Wort war bei Gott, und das Wort war Gott. Im Anfang war es bei Gott. Alles ist durch das Wort geworden, und ohne das Wort wurde nichts, was geworden ist. In ihm war das Leben, und das Leben war das Licht der Menschen. Und das Licht leuchtet in der Finsternis, und die Finsternis hat es nicht erfasst.
Das wahre Licht, das jeden Menschen erleuchtet, kam in die Welt. Er war in der Welt, und die Welt ist durch ihn geworden, aber die Welt erkannte ihn nicht. Er kam in sein Eigentum, aber die Seinen nahmen ihn nicht auf.
Allen aber, die ihn aufnahmen, gab er Macht, Kinder Gottes zu werden, allen, die an seinen Namen glauben, die nicht aus dem Blut, nicht aus dem Willen des Fleisches, nicht aus dem Willen des Mannes, sondern aus Gott geboren sind.
Und das Wort ist Fleisch geworden und hat unter uns gewohnt, und wir haben seine Herrlichkeit gesehen, die Herrlichkeit des einzigen Sohnes vom Vater, voll Gnade und Wahrheit.

Stille

Impuls

L „Und das Wort ist Fleisch geworden und hat unter uns gewohnt.“ (Joh 1,14)

Damit Weihnachten nicht ein Traum bleibt, lassen wir uns heute die Weihnachtsgeschichte anders erzählen. Nicht in poesievoller Weise des Lukasevangeliums, sondern in einem theologischen Höhenflug des Evangelisten Johannes. Im Prolog, mit dem das Johannes-Evangelium beginnt, hörten wir einen unüberschreitbaren Höhepunkt der neutestamentlichen Christusaussagen:

„Im Anfang war das Wort, und das Wort war bei Gott, und das Wort war Gott ... Und das Wort ist Fleisch geworden und hat unter uns gewohnt.“ (Joh 1,1-2.14)

In diesem Evangelium wird die Bedeutung der Geburt Christi verkündet. Jesus ist nach dem Verständnis der Kirche kein gewöhnliches Kind, sondern er ist der Sohn Gottes – oder wie es Johannes in der Sprache des griechischen Kulturraumes nennt: Das Wort, das von Anfang an war (vgl. Joh 1,1).
Priesteranwärter wurden einmal von ihrem Spiritual gefragt: „Wissen Sie eigentlich, was die traurigste Wahrheit in der ganzen Heiligen

Schrift ist?“ Sie überlegten hin und her und konnten keine richtige Antwort finden. Dann gab er sie ihnen selbst: „Die traurigste Wahrheit steht im ersten Kapitel des Johannesevangeliums. Sie lautet:

„Das wahre Licht, das jeden Menschen erleuchtet, kam in die Welt ... aber die Welt erkannte ihn nicht. Er kam in sein Eigentum, aber die Seinen nahmen ihn nicht auf.“ (Joh 1,9-11)

Der Spiritual fragte seine Priesteramtskandidaten weiter: „Wissen Sie, warum die Menschen das nicht begreifen?“ Und er gab gleich selbst die Antwort: „Weil es so einfach ist. Die Menschen damals wie heute wollen immer alles kompliziert haben, bevor sie es annehmen. Aber Gottes Botschaft ist ganz einfach.“

Engel des Herrn

V Dreimal am Tag läuten die Glocken der katholischen Kirchen. Sie laden uns ein, an die Menschwerdung Gottes zu denken. Wir beten gemeinsam:

V Der Engel des Herrn brachte Maria die Botschaft,

A und sie empfing vom Heiligen Geist.

Gegrüßet seist du, Maria, voll der Gnade, der Herr ist mit dir, du bist gebenedeit unter den Frauen, und gebenedeit ist die Frucht deines Leibes, Jesus. Heilige Maria, Mutter Gottes, bitte für uns Sünder jetzt und in der Stunde unseres Todes.

V Maria sprach: Siehe, ich bin die Magd des Herrn;

A mir geschehe nach deinem Wort.
Gegrüßet seist du, Maria ...

V Und das Wort ist Fleisch geworden

A und hat unter uns gewohnt.
Gegrüßet seist du, Maria ...

V Bitte für uns, heilige Gottesmutter,

A dass wir würdig werden der Verheißung Christi.

V Lasset uns beten. – Allmächtiger Gott, gieße deine Gnade in unsere Herzen ein. Durch die Botschaft des Engels haben wir die Menschwerdung Christi, deines Sohnes, erkannt. Führe uns durch sein Leiden und Kreuz zur Herrlichkeit der Auferstehung. Darum bitten wir durch ihn, Christus, unseren Herrn. Amen.

Segensbitte

V Die Engel haben den Frieden Gottes den Hirten verkündet. Dieser Friede begleite uns durch diese selige und gnadenbringende Zeit. Das Wort Gottes ist Mensch geworden, es wohne in unseren Herzen und schenke uns Gnade und Freude. So segne und begleite uns der uns liebende Gott: der Vater, der Sohn und der Heilige Geist.

A Amen.

Lied

Gelobet seist du, Jesu Christ (GL 252,1-5)

Menschen, die ihr wart verloren (GL 245)

Lied

Menschen, die ihr wart verloren (GL 245,1-2)

Lobpreis

V Gott, unser Vater, du bist groß, und alle deine Werke künden deine Liebe und deine Weisheit.

A Wir preisen dich, heiliger Vater.

V Gott, unser Schöpfer, du hast den Menschen nach deinem Bild geschaffen. Ihm hast du die Sorge für die Welt anvertraut.

A Wir preisen dich, heiliger Vater.

V Gott, unser Retter, als wir Menschen deine Freundschaft verloren hatten und dem Tode verfallen waren, hast du ihnen großes Erbarmen erwiesen.

A Wir preisen dich, heiliger Vater.

V Gott, unser Helfer, du hast die Welt so sehr geliebt, dass du deinen eingeborenen Sohn als Retter gesandt hast.

A Wir preisen dich, heiliger Vater.

V Gott, unser Vater, dein Sohn wurde Mensch durch den Heiligen Geist, er wurde geboren aus Maria, der Jungfrau.

A Wir preisen dich, heiliger Vater.

V Gott, unser Vater, du Urquell aller guten Gaben, wir singen dir Dankeslieder und erwidern deine Liebe in unserem Lobpreis für das Werk der Erlösung.

A Wir preisen dich, heiliger Vater.

Lied

Menschen, die ihr wart verloren (GL 245,3-4)

Psalm

Psalm 85: Bitte um das verheißene Heil
(gesungen: GL 633,5-6)

V/A Kv Frieden verkündet der Herr seinem Volk.
Sein Heil ist nahe.

V 1 Einst hast du, Herr, dein Land begnadet*
und Jakobs Unglück gewendet,

A 2 hast deinem Volk die Schuld vergeben,*
all seine Sünden zugedeckt,

V 3 hast zurückgezogen deinen ganzen Grimm*
und deinen glühenden Zorn gedämpft.

A 4 Gott, unser Retter, richte uns wieder auf,*
lass von deinem Unmut gegen uns ab!

V 5 Willst du uns ewig zürnen,*
soll dein Zorn dauern von Geschlecht zu Geschlecht?

A 6 Willst du uns nicht wieder beleben,*
so dass dein Volk sich an dir freuen kann?

V 7 Erweise uns, Herr, deine Huld*
und gewähre uns dein Heil!

A 8 Ich will hören, was Gott redet: /
Frieden verkündet der Herr seinem Volk und seinen Frommen,*
den Menschen mit redlichem Herzen.

V 9 Sein Heil ist denen nahe, die ihn fürchten.*
Seine Herrlichkeit wohne in unserm Land.

A 10 Es begegnen einander Huld und Treue;*
Gerechtigkeit und Friede küssen sich.

V 11 Treue sprosst aus der Erde hervor;*
Gerechtigkeit blickt vom Himmel hernieder.

A 12 Auch spendet der Herr dann Segen,*
und unser Land gibt seinen Ertrag.

V 13 Gerechtigkeit geht vor ihm her,*
und Heil folgt der Spur seiner Schritte.

A 14 Ehre sei dem Vater und dem Sohn*
und dem Heiligen Geist.

V 15 Wie im Anfang, so auch jetzt und allezeit*
und in Ewigkeit. Amen.

A+V Kv Frieden verkündet der Herr seinem Volk.
Sein Heil ist nahe.

Lesung

Tit 2,11-14: Die Gnade Gottes ist erschienen, um alle Menschen zu retten

L Lesung aus dem Brief des Apostels Paulus an Titus.

Die Gnade Gottes ist erschienen, um alle Menschen zu retten. Sie erzieht uns dazu, uns von der Gottlosigkeit und den irdischen Begierden loszusagen und besonnen, gerecht und fromm in dieser Welt zu leben, während wir auf die selige Erfüllung unserer Hoffnung warten: auf das Erscheinen der Herrlichkeit unsres großen Gottes und Retters Christus Jesus. Er hat sich für uns hingegeben, um uns von aller Schuld zu erlösen und sich ein reines Volk zu schaffen, das ihm als sein besonderes Eigentum gehört und voll Eifer danach strebt, das Gute zu tun.

Stille

Lied

Jauchzet ihr Himmel (GL 251,1-2)

Impuls

Gott sucht sich seine Einstiegsstellen zu uns Menschen. Das Kloster Helfta bei Eisleben (heute in der Lutherstadt Eisleben) wurde in der Mitte des 13. Jahrhunderts gegründet. Drei große Frauen und Mystikerinnen – unter ihnen Gertrud die Große – prägten das Kloster.
Bedingt durch die Wirren der Zeit mit ihren politischen und religionsgeschichtlichen Entwicklungen wurde das berühmte Kloster 1542 geschlossen. Das Bistum Magdeburg beschloss 1994 eine Reaktivierung dieses Zisterzienserinnen-Klosters, wo jetzt über zehn Nonnen leben. Noch existente romanische Fragmente wurden mit postmodernen Elementen ergänzt. Zur alten Romantik gehören drei große Fenster in der Altarrückwand. Über eines dieser Fenster wird folgende Legende erzählt:

„Als das Kloster der Verwüstung preisgegeben war und verfiel, wurden die Fenster bis obenhin zugemauert. Doch am linken Fenster wollten die

Steine nicht halten. Wie eigenartig: Die Steine brachen heraus und bahnten dem Licht den Weg. Da nahm man Bretter und nagelte das Fenster zu. Aber das Licht drang weiter durch die Ritzen und Spalten ein. Denn eben durch dieses Fenster ist Christus in die Kirche eingetreten, um sich selbst der heiligen Gertrudis zu zeigen."

Gott schafft sich Einstiegsstellen zu uns Menschen, die wir nicht behindern können.

Dankgebet

V Jesus Christus ist der Herr zur Ehre Gottes des Vaters.

A Jesus Christus ist der Herr zur Ehre Gottes des Vaters.

V Menschenfreundlicher Gott, Vater unseres Herrn Jesus Christus, so sehr hast du die Welt geliebt, dass du uns deinen einzigen Sohn gabst, damit jeder, der an ihn glaubt, nicht zugrunde geht, sondern das ewige Leben hat.

A Jesus Christus ist der Herr zur Ehre Gottes des Vaters.

V Wir preisen dich, Vater, für die Menschwerdung deines Sohnes, für seine Geburt aus der Jungfrau Maria, für sein Leben in unserer Mitte.

A Jesus Christus ist der Herr zur Ehre Gottes des Vaters.

V Wir preisen dich, Vater, für Jesu Leben in Nazaret, für die Offenbarung deines Sohnes am Jordan, für seinen Sieg über den Versucher in der Wüste.

A Jesus Christus ist der Herr zur Ehre Gottes des Vaters.

V Wir preisen dich, Vater, für jedes Wort aus dem Munde Jesu, für sein heilendes Wirken, für die Zeichen seiner Herrlichkeit.

A Jesus Christus ist der Herr zur Ehre Gottes des Vaters.

V Wir preisen dich, Vater, für das Abendmahl deines Sohnes, für sein Leiden und Sterben, für seine Grabesruhe und seine Auferstehung.

A Jesus Christus ist der Herr zur Ehre Gottes des Vaters.

V Wir preisen dich, Vater, für alle Macht, die du Christus gegeben hast, im Himmel und auf Erden, für seine Auffahrt zu dir, für die Sendung des Heiligen Geistes.

A Jesus Christus ist der Herr zur Ehre Gottes des Vaters.

V Wir preisen dich, Vater, dass dein Sohn uns nicht allein lässt; dass er gegenwärtig ist, wo zwei oder drei in seinem Namen versammelt sind; dass er alle Tage bei uns ist bis zum Ende der Welt.

A Jesus Christus ist der Herr zur Ehre Gottes des Vaters.

V Wir preisen dich, Vater, Herr des Himmels und der Erde, in Dankbarkeit, in Ehrfurcht und in Liebe durch deinen Sohn im Heiligen Geist und stimmen ein in das Loblied der himmlischen Chöre:

A Ehre sei Gott in der Höhe und Friede auf Erden den Menschen seiner Gnade.

Vaterunser

A Vater unser im Himmel ...

Gebet

V Allmächtiger Gott, du hast den Menschen in seiner Würde wunderbar erschaffen und noch wunderbarer wiederhergestellt. Lass uns teilhaben an der Gottheit deines Sohnes, der unsere Menschennatur angenommen hat. Er, der in der Einheit des Heiligen Geistes mit dir lebt und herrscht in alle Ewigkeit.

Segensbitte

V Es segne uns Gott, der dreifaltige: Der Vater schenke uns seine Liebe. Jesus Christus lasse uns teilhaben an seinem Leben. Der Heilige Geist erfülle uns mit seiner Kraft.

A Amen.

Lied

Jauchzet, ihr Himmel (GL 251,3-5)

Ihr Kinderlein kommet, o kommet doch all (GL 248)

Andacht mit Kindersegnung

Das Kind in der Krippe lenkt die Aufmerksamkeit auf sich. Die Kinder fühlen sich mit diesem Kind verbunden, das ein Geschenk des himmlischen Vaters ist.
Bei einer Segensfeier spüren die Kinder, dass wir Menschen schutzbedürftig sind und deshalb den Segen Gottes brauchen.

Lied

Ihr Kinderlein kommet (GL 248,1-2)

Eröffnung

V Liebe Kinder, liebe Eltern, wir haben uns um die Krippe versammelt und freuen uns darüber, dass Jesus geboren wurde. Er kam in einem Stall in Betlehem zur Welt. Er wurde in Armut geboren und liegt auf Heu und Stroh. Aber Maria und Josef freuten sich über seine Geburt. Auch die Hirten, die mit ihren Schafen dort weideten, kamen zum Stall. Sogar die Engel im Himmel jubelten über die Geburt des Jesuskindes. Wir wollen die Weihnachtsbotschaft mit verteilten Rollen aus dem Evangelium des Lukas verkünden:

Lesung

Lk 2,6-20: Weihnachtsbotschaft

(Der Text kann auch von Kindern vorgetragen werden; Erz = Erzähler; E = Engel)

Erz Als Maria und Josef in Betlehem waren, kam für Maria die Zeit der Niederkunft, und sie gebar ihren Sohn, den Erstgeborenen, wickelte ihn in Windeln und legte ihn in eine Krippe, weil in der Herberge kein Platz für sie war.
In dieser Gegend lagerten Hirten auf freiem Feld und hielten Nachtwache bei ihrer Herde. Da trat der Engel des Herrn zu ihnen, und der Glanz des Herrn umstrahlte sie; und es befiel sie große Furcht. Der Engel aber sprach zu ihnen:

E Fürchtet euch nicht, denn ich verkünde euch große Freude, die dem ganzen Volk zuteil werden soll: Heute ist euch der Retter geboren in der Stadt Davids; er ist der Christus, der Herr. Und dies soll euch als Zeichen dienen: Ihr werdet ein Kind finden, das in Windeln gewickelt in einer Krippe liegt.

Erz Und plötzlich war bei dem Engel eine große himmlische Schar; sie lobte Gott und sprach:

E Verherrlicht ist Gott in der Höhe, und Friede ist auf der Erde bei den Menschen, die er liebt.

Erz Als die Engel von ihnen fort in den Himmel zurückgekehrt waren, sagten die Hirten zueinander: Kommt, wir gehen nach Betlehem, um dies Ereignis zu sehen, das uns der Herr kundgetan hat.
So eilten sie hin und fanden Maria und Josef und das Kind, das in der Krippe lag. Als sie es sahen, berichteten sie, was ihnen über dieses Kind gesagt worden war. Und alle, die es hörten, staunten über die Worte der Hirten.
Maria aber bewahrte diese Geschehnisse in ihrem Gedächtnis und dachte darüber nach. Die Hirten kehrten zurück, rühmten Gott für alles, was sie gehört und gesehen hatten, so wie es ihnen gesagt worden war.

Lied

Ihr Kinderlein kommet (GL 248,3-4)

Bitte um den Segen

(verschiedene Kinder tragen ihre Bitten vor)
(Sechs Kinder, K1 bis K6, tragen die Bitten vor.)

K1 Lieber Gott, alle Menschen hast du gern. Auch uns Kinder lädst du ein. Kommt alle herbei und bleibt nicht fern. Alle sollen fröhlich sein.

A Alle sollen fröhlich sein.

K2 Schenke uns deine Liebe und Freundschaft. Schenke uns Freude und Glück. Schenke uns besonders deinen Schutz und schaue immer auf uns. Alle sollen fröhlich sein.

A Alle sollen fröhlich sein.

K3 Wir bitten um deinen Segen, der uns Tag und Nacht begleitet, der uns behütet in Gefahren und auch wenn es uns gut geht. Alle sollen fröhlich sein.

A Alle sollen fröhlich sein.

K4 Gib auch unseren Eltern und Geschwistern deinen Segen. Segne alle Kinder und Menschen, mit denen wir zusammen sind. Alle sollen fröhlich sein.

A Alle sollen fröhlich sein.

K5 Tröste alle Kinder, die weinen, weil sie arm sind und verlassen, weil sie krank sind und hungrig. Alle sollen fröhlich sein.

A Alle sollen fröhlich sein.

K6 Liebes Jesuskind, du liegst in einer Krippe im Stall. Segne du uns alle, klein und groß. Wir wollen alle fröhlich sein.

A Alle sollen fröhlich sein.

Segensbitte

V Gott, wir danken dir für unsere Kinder. Du hast sie uns geschenkt. Sie machen uns Freude, aber auch Sorgen. Darum bitten wir dich: Herr, segne unsere Kinder. Schenke ihnen Selbstständigkeit, dass sie ihr Leben zu meistern lernen. Stelle ihnen treue Freunde zur Seite, die sie unterstützen und begleiten. Sei du ihnen verlässlicher Halt und leite ihr Denken und Tun. Bleibe bei uns, wir vertrauen auf dich.

Einzelsegen

P Der Herr segne und behüte dich. Er schaue dich in Liebe an und begleite dich. Im Namen des Vaters und des Sohnes und des Heiligen Geistes. Amen.

Lied

Zu Betlehem geboren (GL 239,1-3)

Schlussgebet

V Guter Gott, du hast deinen Sohn als Kind auf die Welt geschickt, um uns Hilfe und Freude zu schenken. Wir danken dir für deine Liebe. Auch wir wollen sie anderen Menschen zeigen.

A Amen.

V So segne uns alle der allmächtige und gute Gott: der Vater, der Sohn und der Heilige Geist.

A Amen.

Lied

O du fröhliche, o du selige, gnadenbringende Weihnachtszeit (GL 238,1-3)

Engel auf den Feldern singen (GL 250)

Lied

Vom Himmel hoch (GL 237,1-3)

V Im Namen des Vaters und des Sohnes und des Heiligen Geistes.

A Amen.

Engel als Boten Gottes

V Engel sind Boten Gottes. Sie übermitteln uns Menschen seinen heiligen Willen. Mit ihnen loben und preisen wir Gott:

A Heilig, heilig, heilig Gott, Herr aller Mächte und Gewalten. Erfüllt sind Himmel und Erde von deiner Herrlichkeit. Hosanna in der Höhe.

V Gott stellte den Abraham auf die Probe und forderte von ihm das Opfer seines Sohnes Isaak. Ein Engel rief ihm vom Himmel her zu: Streck deine Hand nicht gegen den Knaben aus, denn ich weiß, dass du Gott fürchtest (vgl. Gen 22,11f.).

A Heilig, heilig, heilig Gott ...

V Jakob sah auf einer Treppe, die auf der Erde stand und bis zum Himmel reichte, die Engel Gottes auf- und niedersteigen (vgl. Gen 28,12).

A Heilig, heilig, heilig Gott ...

V Der Engel Gottes ging dem Volk Israel in der Wüste voraus, beschützte es und brachte die Israeliten an den Ort, den Gott bestimmt hatte (vgl. Ex 14,9; 23,30).

A Heilig, heilig, heilig Gott ...

V Ein Engel rührte den resignierten Propheten Elija an und sprach: Steh auf und iss, denn du hast einen weiten Weg vor dir. Und Elija wanderte in der Kraft dieser Speise vierzig Tage und vierzig Nächte bis zum Gottesberg Horeb (vgl. 1 Kön 19,5f.).

A Heilig, heilig, heilig Gott ...

V Der Engel Rafael, einer der sieben Engel, die das Gebet der Heiligen vor Gottes Thron tragen, begleitete Tobias auf seiner Reise, bewahrte ihn vor tödlichen Gefahren und ließ seine Mission gelingen (vgl. Tob 5 bis 12).

A Heilig, heilig, heilig Gott ...

V Der Engel Gabriel wurde von Gott nach Nazaret zu Maria gesandt und brachte ihr die frohe Botschaft, dass sie die Mutter des Herrn werden solle (vgl. Lk 1,26f.).

A Heilig, heilig, heilig Gott ...

V Auf den Fluren von Betlehem verkündeten Engel die frohe Botschaft, dass Christus, der Retter, geboren worden ist, und sie lobten Gott:

A Verherrlicht ist Gott in der Höhe, und auf Erden ist Friede bei den Menschen seiner Gnade (vgl. Lk 2,8-14).

V Ein Engel des Herrn gab dem Josef in einem Traum die Anweisung, mit Maria und dem Jesuskind nach Ägypten zu fliehen, da Herodes das Kind töten wollte.

A Verherrlicht ist Gott ...

V Engel waren auch Verkünder der Auferstehung Jesu. Sie sagten den Frauen und Jüngern, dass Jesus lebt: Fürchtet euch nicht, Jesus ist nicht hier, er ist von den Toten auferstanden, wie er gesagt hat (vgl. Mt 28,1-8).

A Verherrlicht ist Gott ...

V Am Ende der Zeiten wird Christus in seiner Herrlichkeit mit den Engeln wiederkommen und sich auf den Thron seiner Herrlichkeit setzen, um die Welt zu richten (vgl. Mt 25,31f.).

A Heilig, heilig, heilig Gott, Herr aller Mächte und Gewalten. Erfüllt sind Himmel und Erde von deiner Herrlichkeit. Hosanna in der Höhe.

Lied

Engel auf den Feldern singen (GL 250,1-4)

Evangelium

Mt 1,16.18-21.24a: Josef tat, was der Engel des Herrn ihm befohlen hatte

L Aus dem heiligen Evangelium nach Matthäus.
Jakob war der Vater von Josef, dem Mann Marias; von ihr wurde Jesus geboren, der der Christus – der Messias – genannt wird.
Mit der Geburt Jesu Christi war es so: Maria, seine Mutter, war mit Josef verlobt; noch bevor sie zusammen gekommen waren, zeigte sich, dass sie ein Kind erwartete – durch das Wirken des Heiligen Geistes.
Josef, ihr Mann, der gerecht war und sie nicht bloßstellen wollte, beschloss, sich in aller Stille von ihr zu trennen. Während er noch darüber nachdachte, erschien ihm ein Engel des Herrn im Traum und sagte: Josef, Sohn Davids, fürchte dich nicht, Maria als deine Frau zu dir zu nehmen; denn das Kind, das sie erwartet, ist vom

Heiligen Geist. Sie wird einen Sohn gebären; ihm sollst du den Namen Jesus geben; denn er wird sein Volk von seinen Sünden erlösen.
Als Josef erwachte, tat er, was der Engel des Herrn ihm befohlen hatte.

Lied

Werde licht, Jerusalem (GL 260)

Psalm

Psalm 91: Unter dem Schutz des Höchsten
(gesungen: GL 664,5-6)

V/A Kv Er befiehlt seinen Engeln, dich zu behüten auf all deinen Wegen.

V 1 Wer im Schutz des Höchsten wohnt*
und ruht im Schatten des Allmächtigen,

A 2 der sagt zum Herrn: „Du bist für mich Zuflucht und Burg,*
mein Gott, dem ich vertraue.“

V 3 Er rettet dich aus der Schlinge des Jägers*
und aus allem Verderben.

A 4 Er beschirmt dich mit seinen Flügeln./
unter seinen Schwingen findest du Zuflucht,*
Schild und Schutz ist dir seine Treue.

V 5 Du brauchst dich vor dem Schrecken der
Nacht nicht zu fürchten,*
noch vor dem Pfeil, der am Tag dahinfliegt,

A 6 nicht vor der Pest, die im Finstern schleicht,*
vor der Seuche, die wütet am Mittag.

V 7 Fallen auch tausend zu deiner Seite,/
dir zur Rechten zehnmal tausend,*
so wird es doch dich nicht treffen.

A 8 Ja, du wirst es sehen mit eigenen Augen,*
wirst zuschauen, wie den Frevlern vergolten wird.

V 9 Denn der Herr ist deine Zuflucht,*
du hast dir den Höchsten als Schutz erwählt.

A 10 Dir begegnet kein Unheil,*
kein Unglück naht deinem Zelt.

V 11 Denn er befiehlt seinen Engeln,*
dich zu behüten auf all deinen Wegen.

A 12 Sie tragen dich auf ihren Händen,*
damit dein Fuß nicht an einen Stein stößt;

V 13 Du schreitest über Löwen und Nattern,*
trittst auf Löwen und Drachen.

A 14 „Weil er an mir hängt, will ich ihn retten;*
ich will ihn schützen, denn er kennt meinen
Namen.

V 15 Wenn er mich anruft, dann will ich ihn erhören. /
Ich bin bei ihm in der Not,*
befreie ihn und bringe ihn zu Ehren.

A 16 Ich sättige ihn mit langem Leben*
und lasse ihn schauen mein Heil!

V 17 Ehre sei dem Vater und dem Sohne*
und dem Heiligen Geiste.

A 18 Wie im Anfang, so auch jetzt und allezeit*
und in Ewigkeit. Amen.

A+V Kv Er befiehlt seinen Engeln, dich zu behüten auf all deinen Wegen.

Engel-Litanei

V/A Herr, erbarme dich unser.

V/A Christus, erbarme dich unser.

V/A Herr, erbarme dich unser.

V Christus, höre uns.

A Christus, erhöre uns.

V Gott Vater vom Himmel,

A erbarme dich unser.

V Gott Sohn, Erlöser der Welt, **A** erbarme ...
Gott Heiliger Geist,
Heilige Dreifaltigkeit, ein einiger Gott,

V Heilige Maria,
A bitte für uns!
V Heilige Gottesgebärerin, **A** bitte ...
Heilige Jungfrau über allen Jungfrauen
Heiliger Michael, der du das Gottesvolk verteidigt hast
Heiliger Michael, der du den Satan und seinen Anhang vom Himmel herabgestoßen hast
Heiliger Michael, der du beim Sterben unserer Schwestern und Brüder die höllischen Kläger abwehrst
Heiliger Gabriel, der du dem Daniel die Weissagung kundgetan hast
Heiliger Gabriel, der du die Geburt und Bestimmung Johannes' des Täufers verkündet hast
Heiliger Gabriel, der du der Bote der Menschwerdung des göttlichen Wortes bist
Heiliger Raphael, der du den Tobias heil zurückgeleitet hast
Heiliger Raphael, der du den Dämon in die Wüste gejagt hast
Heiliger Raphael, der du einer der Sieben bist, die vor Gottes Thron stehen

L Ihr heiligen Engel, die ihr um den Thron Gottes steht,

A bittet für uns!

L Ihr heiligen Engel, die ihr unaufhörlich Gott lobet und preiset, **A** bittet ...

Ihr heiligen Engel, die ihr den Menschen das Göttliche verkündet

Ihr heiligen Engel, die ihr von Gott als Beschützer der Menschen beauftragt seid

Ihr heiligen Engel, die ihr beständig das Angesicht des Vaters im Himmel schauet

Ihr heiligen Engel, die ihr Freude empfindet über jeden Sünder, der Buße tut

Ihr heiligen Engel, die ihr Lot aus der Mitte der Frevler geführt habt

Ihr heiligen Engel, die ihr auf der Jakobsleiter auf- und niedersteigt

Ihr heiligen Engel, die ihr auf Sinai dem Moses das Göttliche Gesetz übergeben habt

Ihr heiligen Engel, die ihr Christi Geburt den Menschen kundgetan habt

Ihr heiligen Engel, die ihr Christus in der Wüste gedient habt

Ihr heiligen Engel, die ihr den Lazarus in Abrahams Schoß getragen habt

Ihr heiligen Engel, die ihr am Grabe Christi gesessen seid

Ihr heiligen Engel, die ihr am Jüngsten Tage

Christus mit dem Zeichen des Kreuzes vorangehen werdet
Ihr heiligen Engel, die ihr alle Ärgernisse im Reiche Christi verzeichnen werdet
Ihr heiligen Engel, die ihr die Verdammten von den Gerechten trennen werdet
Ihr heiligen Engel, die ihr den Sterbenden Beistand leistet
Ihr heiligen Engel, die ihr die geläuterten Armen Seelen zum Himmel heimbegleitet
Ihr heiligen Engel, die ihr in der Kraft Gottes Wundertaten vollbringt
Ihr heiligen Engel, die ihr zu Diensten der Menschen gesandt seid
Ihr heiligen Engel, die ihr über Reiche und Provinzen gesetzt seid
Ihr heiligen Engel, die ihr die Getreuen Gottes aus den Gefahren des Lebens gerettet habt
Ihr heiligen Engel, die ihr den Märtyrern in ihren Qualen Trost gebracht habt
Alle Chöre der seligen Geister

V Durch die Engel aus allen Gefahren
A erlöse uns, o Herr!
V Aus den Listen des Teufels **A** erlöse ...
Vom unvorbereiteten Sterben
Vom ewigen Tode

V Wir Sünder
A Wir bitten dich, erhöre uns!
V Durch deine Engel **A** Wir bitten ...
Dass du uns verschonest
Dass du uns verzeihest
Dass du deine heilige Kirche lenken und erhalten wollest
Dass du den Heiligen Vater und alle christlichen Stände beschützen wollest
Dass du den Völkern Frieden und Eintrcht verleihen wollest
Dass du allen gläubig Verstorbenen die ewige Ruhe schenken wollest.

V Lamm Gottes, du nimmst hinweg die Sünden der Welt:
A Herr, verschone uns.
V Lamm Gottes, du nimmst hinweg die Sündem der Welt:
A Herr, erhöre uns.
V Lamm Gottes, du nimmst hinweg die Sündem der Welt:
Herr, erbarme dich.

V Lasset uns beten. – Allmächtiger, ewiger Gott, gewähre uns die Hilfe deiner heiligen Engel, damit wir vor den drohenden Angriffen des Bösen bewahrt bleiben. Befreie uns auf ihre Fürbitte

von jeder Not und Gefahr, damit wir dir mit ungeteilten Herzen dienen können.
Darum bitten wir durch Jesus Christus, der für uns Mensch geworden ist.

A Amen.

Vaterunser

A Vater unser im Himmel ...

Segensbitte

V Gott, der allmächtige Vater, segne uns durch den Erlöser der Welt, Jesus Christus, den Sohn der jungfräulichen Mutter Maria.

A Amen.

V Sie hat den Urheber des Lebens geboren, ihre mütterliche Fürsprache erwirke uns Gottes Hilfe.

A Amen.

V Das gewähre uns der dreifaltige Gott, der Vater und der Sohn und der Heilige Geist.

A Amen.

Lied

Lobt Gott, ihr Christen (GL 247,1-4)

Stern über Betlehem, zeig uns den Weg (GL 261)

Lied

Stern über Betlehem (GL 261,1-2)

V Im Namen des Vates und des Sohnes und des Heiligen Geistes.

A Amen.

Lobpreis

V Gott, unser Schöpfer, du hast die beiden großen Lichter und auch die Sterne gemacht. Wenn ich zum Himmel aufschaue, kann ich die Zahl der Sterne nicht zählen.

A Lobet Gott, Sonne und Mond, lobt ihn, all ihr leuchtenden Sterne.

V Gott, unser Schöpfer, seh ich den Himmel, das Werk deiner Finger, Mond und Sterne, die du befestigt: Was ist der Mensch, das du an ihn denkst?

A Lobet Gott, Sonne und Mond, lobt ihn, all ihr leuchtenden Sterne.

V Gott, unser Schöpfer, du stellst die Sterne in

deinen Dienst: Ein Stern geht in Jakob auf, ein Zepter erhebt sich in Israel. Die Magier haben den Stern aufgehen sehen, und sie brachen auf, um dem neugeborenen Heiland zu huldigen.

A Lobet Gott, Sonne und Mond, lobt ihn, all ihr leuchtenden Sterne.

V Gott, unser Schöpfer, der Stern, den die Magier haben aufgehen sehen, zog vor ihnen her bis zu dem Ort, wo das Kind war, und blieb dort stehen.

A Lobet Gott, Sonne und Mond, lobt ihn, all ihr leuchtenden Sterne.

V Gott, unser Schöpfer, der Stern über Betlehem zeige auch uns den Weg, er leuchte uns voraus, damit wir an das Ziel unserer Pilgerschaft gelangen.

A Lobet Gott, Sonne und Mond, lobt ihn, all ihr leuchtenden Sterne.

Lied

Stern über Betlehem (GL 261,3-4)

Lesung

Num 24,2.15-17a: Ein Stern geht in Jakob auf

L Lesung aus dem Buch Numeri.
In jenen Tagen, als Bíleam aufblickte, sah er Israel im Lager, nach Stämmen geordnet. Da kam der Geist Gottes über ihn. Und er begann mit seinem Orakelspruch und sagte: Spruch Bíleams, des Sohnes Béors, Spruch des Mannes mit geschlossenem Auge, Spruch dessen, der Gottesworte hört, der die Gedanken des Höchsten kennt, der eine Vision des Allmächtigen sieht, der daliegt mit entschleierten Augen: Ich sehe ihn, aber nicht jetzt, ich erblicke ihn, aber nicht in der Nähe: Ein Stern geht in Jakob auf, ein Zepter erhebt sich in Israel.

Stille

Te Deum

V Dich, Gott, loben wir, dich, Herr, preisen wir.

A Dir, dem ewigen Vater, huldigt das Erdenrund.

V Dir rufen die Engel alle, dir Himmel und Mächte insgesamt,

A die Kerubim dir und die Serafim mit niemals endender Stimme zu:

V Heilig, heilig, heilig der Herr, der Gott der Scharen!

A Voll sind Himmel und Erde von deiner hohen Herrlichkeit.

V Dich preist der glorreiche Chor der Apostel,

A dich der Propheten lobwürdige Zahl,

V dich der Märtyrer leuchtendes Heer;

A dich preist über das Erdenrund die heilige Kirche,

V dich, den Vater unermessbarer Majestät,

A deinen wahren und einzigen Sohn

V und den Heiligen Fürsprecher Geist.

A Du König der Herrlichkeit, Christus.

V Du bist des Vates allewiger Sohn.

A Du hast der Jungfrau Schoß nicht verschmäht, bist Mensch geworden, den Menschen zu befreien.

V Du hast bezwungen des Todes Stachel und denen, die glauben, die Reiche der Himmel aufgetan.

A Du sitzest zur Rechten Gottes in deines Vaters Herrlichkeit.

V Als Richter, so glauben wir, kehrst du einst wieder.

A Dich bitten wir denn, komme deinen Dienern zur Hilfe, die du erlöst mit kostbarem Blut.

V In der ewigen Herrlichkeit zähle uns deinen Heiligen zu.

A Rette dein Volk, o Herr, und segne dein Erbe;

V und führe sie und erhebe sie bis in Ewigkeit.

A An jedem Tag benedeien wir dich

V und loben in Ewigkeit deinen Namen, ja in der ewigen Ewigkeit.

A In Gnaden wollest du, Herr, an diesem Tag uns ohne Schuld bewahren.

V Erbarme dich unser, o Herr, erbarme dich unser.

A Lass über uns dein Erbarmen geschehen, wie wir gehofft auf dich.

V Auf dich, o Herr, habe ich meine Hoffnung gesetzt. In Ewigkeit werde ich nicht zuschanden.

A Amen.

(Aus dem 4. Jh.)

Lied
Morgenstern der finstern Nacht (GL 372,1-4)

Impuls

Aus einer Weihnachtspredigt von Papst Leo dem Großen († 461):
Lasst uns froh sein: Heute ist unser Retter geboren, Traurigkeit hat keinen Raum am Geburtstag des Lebens, das uns die Angst vor dem Sterben genommen hat und uns die Freude über die verheißene Ewigkeit bringt. Niemand wird von der Fröhlichkeit ausgeschlossen, alle haben den einen Grund zur Freude gemeinsam: Denn unser Herr, der Sünde und Tod vernichtet hat, fand keinen, der von Schuld frei war. Deshalb kam er, um alle zu befreien. Der Heilige jubele, weil ihm die Siegespalme winkt. Der Sünder freue sich, weil er zur Versöhnung eingeladen ist. Der Heide atmet auf; denn er ist zum Leben gerufen. Die Fülle der Zeit ist gekommen, die Gottes unerforschlicher Ratschluss festgesetzt hat: Der Sohn Gottes hat die Natur des Menschengeschlechts angenommen, um sie mit ihrem Schöpfer zu versöhnen und den Urheber des Todes, den Teufel, durch eben jene Natur zu besiegen, durch die er einst selbst gesiegt hat.
Die jubelnden Engel singen bei der Geburt des Herrn: „Ehre sei Gott in der Höhe!“, und auf Erden wird den Menschen seiner Gnade Friede verkündet. Denn die Engel sehen, wie aus al-

len Völkern der Erde das himmlische Jerusalem erbaut wird. Wie sehr muss sich der geringe Mensch über dieses Werk der unsagbaren Güte Gottes feuen, wenn schon die erhabenen Engel vor Freude jubeln.
Lasst uns also Gott dem Vater danken durch seinen Sohn im Heiligen Geist, dass er uns in seiner übergroßen Huld geliebt und sich unser erbarmt hat. ...
Christ, erkenne deine Würde! Du bist der göttlichen Natur teilhaftig geworden, kehre nicht zu der alten Erbärmlichkeit zurück und lebe nicht unter deiner Würde. Denk an das Haupt und den Leib, dem du als Glied angehörst! Bedenke, dass du der Macht der Finsternis entrissen und in das Licht und das Reich Gottes aufgenommen bist. Durch das Sakrament der Taufe wurdest du ein Tempel des Heiligen Geistes. Verjage nicht durch deine Sünden den hohen Gast, der in dir Wohnung genommen hat. Unterwirf dich nicht wieder der Knechtschaft Satans; denn der Preis für deine Freiheit ist das Blut Christi.

Lied

Morgenstern der finstern Nacht (GL 372,5-6)

Fürbitten

V Lasst uns beten zu unserem Herrn Jesus Christus, der sich selbst erniedrigte und in Betlehem Mensch geworden ist.

In Armut und Niedrigkeit wurdest du geboren, erbarme dich der Armen und Hilflosen. Christus, höre uns.

A Christus, erhöre uns.

V Stehe den Familien bei, lass sie zu Gemeinschaften des Friedens und der Liebe werden. Christus, höre uns.

A Christus, erhöre uns.

V Jugendliche sind auf der Suche nach dem Sinn ihres Lebens. Schenke ihnen Menschen, die ihnen den rechten Weg weisen. Christus, höre uns.

A Christus, erhöre uns.

V Menschen suchen nach Orientierung. Gib, dass sie die Zeichen der Zeit erkennen und ihr Leben nach dem Evangelium ausrichten. Christus, höre uns.

A Christus, erhöre uns.

V Herr Jesus Christus, welch wunderbarer Tausch: Du wirst Mensch und nimmst unser Wesen an, damit wir von deiner Gottheit empfangen. Wir danken dir für dieses Geschenk der Erlösung. Führe uns zu deinem und unserem Vater.

A Amen.

Segensbitte

V Gott, unser Vater, von Urzeit her hat die Menschheit auf das Kommen deines Sohnes Jesus Christus gewartet, der aus dir geboren wurde vor aller Zeit, gezeugt nicht geschaffen. Für uns Menschen und zu unserem Heil ist er vom Himmel gekommen, hat Fleisch angenommen durch den Heiligen Geist von der Jungfrau Maria und ist Mensch geworden. Wir bitten dich um deinen Segen: Im Namen des Vaters und des Sohnes und des Heiligen Geistes.

A Amen.

Lied

Nun freut euch, ihr Christen (GL 241,1-4)

Verzeichnis der verwendeten Bibeltexte

Altes Testament

Numeri	24,2.15-17a
Jesaja	60,1-6
Zefanja	3,14-17
Psalm 23	
Psalm 24	
Psalm 27	
Psalm 45	
Psalm 85	
Psalm 96	

Neues Testament

Matthäus	1,16.18-21.24a
Lukas	2,6-20
Lukas	2,15-20
Johannes	1,1-5.9-14
Titus	2,11-14
Offenbarung	11,19a; 12,1-6a.10ab
Offenbarung	21,1-5a

Quellenverzeichnis

Alle Bibelzitate Einheitsübersetzung der Heiligen Schrift
© 1980 Katholische Bibelanstalt, Stuttgart

S. 36–37: Silja Walter, Jemand muss zu Hause sein: „Gebet des Klosters am Rand der Stadt". Aus: Silja Walter, Gesamtausgabe. Band 2, Paulusverlag, Freiburg, Schweiz 2000

S. 72: Gott, wir danken dir für unsere Kinder ... Aus: Gotteslob (14,8) © Verband der Diözesen Deutschlands (VDD), Bonn / Rechtswahrnehmung durch Katholische Bibelanstalt, Stuttgart

Chrisostomus Ripplinger, Und das Wort ist Fleisch geworden. Andachten zur Advents- und Weihnachtszeit © St. Benno-Verlag 2003[2]

Der Verein zur Förderung des Deutschen Liturgischen Instituts e.V. (VzF) erteilte für die aus „Wort-Gottes-Feier. Werkbuch für die Sonn- und Festtage" entnommenen Texte die Abdruckerlaubnis.

Die Ständige Kommission für die Herausgabe der gemeinsamen liturgischen Bücher im deutschen Sprachgebiet erteilte für die aus diesen Büchern entnommenen Texte die Abdruckerlaubnis.